Sylvie Forveille

Le temps d'un monologue

Sylvie Forveille

Le temps d'un monologue

Éditions Muse

Imprint
Any brand names and product names mentioned in this book are subject to trademark, brand or patent protection and are trademarks or registered trademarks of their respective holders. The use of brand names, product names, common names, trade names, product descriptions etc. even without a particular marking in this work is in no way to be construed to mean that such names may be regarded as unrestricted in respect of trademark and brand protection legislation and could thus be used by anyone.

Cover image: www.ingimage.com

Publisher:
Éditions Muse
is a trademark of
Dodo Books Indian Ocean Ltd. and OmniScriptum S.R.L Publishing group
Str. Armeneasca 28/1, office 1, Chisinau-2012, Republic of Moldova, Europe
Printed at: see last page
ISBN: 978-620-4-96052-4

Notice Bibliographique

Sylvie Forveille

« Ma poésie est le joyau de mes incertitudes »

Médaille de la ville de Laval 2005 – Médaille de la ville de St Nazaire 2006

Médaille de bronze du Ministère de l'Education Nationale et des Sports 2020

Grand prix du Château d'Oléron 2001 2005 -Lauréate Académie Convivio Rome 2003

Médaille d'argent Académie des Lettres d'Arras- 1er prix ville d'Epernay salon orange

2008 -Prix Arts et lettres du Haut Anjou 2010 – 1er prix Ecole de la Loire 2017

1er prix Arts et poésie de Touraine 2020 – Médaille de bronze Sté littéraire d'Agen 2021

mérite littéraire le bleuet international 2021 – Médaille d'or de la SAAF Societé des Auteurs et Artistes francophones 2022

«Crayon de mon cœur cette évidence qui fait ce que je suis ».

Sylvie

Prix Poésies

Médaille de bronze Grand prix de Wallonie 1998 – Belgique

2e prix jeux Floraux de Saintonge et d'Aunis 1998

Médaille de bronze Académie de Lutèce 1998

Médaille de bronze de la ville de Dijon 1998

Médaille de bronze Académie des lettres d'Arras 1999

Médaille de bronze avec mention Académie de Lutèce 1999

Médaille de bronze Académie européenne des arts Belgique 1999

Médaille de Mont St Michel Jeux Floraux du Trégor 1999

Académie Européenne des Arts Paris médaille d'or 1999

Mention spéciale les poésiades Institut Académique de Paris 1999

Concours Christian Vidal Bordeaux prix de la Nostalie 1999

3 e prix – Grand prix international d'Arts et Lettres de Marseille 2001

Grand prix Château d'Oléron 2001

Prix de la ville d'Aix en Provence 2001

Mention très bien Le Bleuet d'Essars (62) 2001

médaille d'or Académie européenne des arts en Espagne 2001

Médaille d'argent Académie de Lutèce 2002

3e prix de la ville de Cholet 2002

1er prix du haiku – Bourcefranc 2002

Lauréate Académie Convivio – Rome 2003

Lauréate Académie Australiana – Australie 2005

Médaille d'argent Académie des Lettres d'Arras 2005

Médaille de vermeil Académie européenne des Arts France 2006

Grand diplôme d'honneur Académie de poésie classique Paris 2006

Mention Nosside International Italie 2006 – 2011 et 2016

Diplôme d'honneur de l'association la porte des poètes 2007

Premio Del Présidente -Association Tempo libero Italie 2007

1er prix de la ville d'Epernay -salon orange 2008

Médaille Académie Européa « Poeti Nella Societa Suisse » 2008 et 2011

Prix Editions Pomezia Italie 2007

Nominée au malherbe des Ecrivains Normands Caen 2010

Prix Arts et Lettres du Haut Anjou 2010

Prix Victor Hugo – Jeux Floraux du Gard 2010

1er prix Association Appel Biscarosse 2011

Mentions excellence Poésiades de Bayonne 2015

Diplôme d'honneur des jeux floraux des Pyrénées 2015

2e prix des jeux floraux d'Anjou 2015 Angers

Grand prix poésie libre université populaire de St Nazaire 2016

1er prix des jeux floraux de la Roche sur Yon 2016

1er prix Académie des Arts Citta di Lancle Italie 2016

1er prix école de la Loire 2017

2e prix poésie libre jeux floraux d'Anjou 2018

Prix d'honneur de l'association des poètes d'ici et d'ailleurs 2018

2e prix médaille d'or Association le Bleuet International 2019

1er prix Association Arts et Lettres du Haut Anjou 2019

1er prix concorso internationale letterario Oscar Italie

Prix Académie européenne section Italie 2019

1er prix association le Cattleya 2019

Prix du jury Ecole de la Loire 2019

1er prix arts et poésie de touraine 2020

Prix Arts et Lettres Bordeaux 2020

Prix Hubert Filley Ecole de la Loire 2020

Médaille de bronze Société littéraire d'Agen -Le jasmin d'argent 2021

Médaille d'or 2021 membre d'honneur de l'association des amis de

Frédéric Mistral et d'Alphonse Daudet

Mérite littéraire le bleuet international 2021

Médaille de vermeil le bleuet international 2021

Prix Marguerite de Valois Ecole de la Loire Ecole de la Loire 2022

2e prix du bleuet médaille d'or 2022 Le bleuet international

1er prix Université Populaire de St Nazaire 2022

Médaille d'or de la S.A.A.F -Société des Auteurs et Artistes Francophones

2022

fait à LAVAL

Le 16 septembre 2022

« Ma poésie est le joyau de mes incertitudes »

Sylvie Forveille

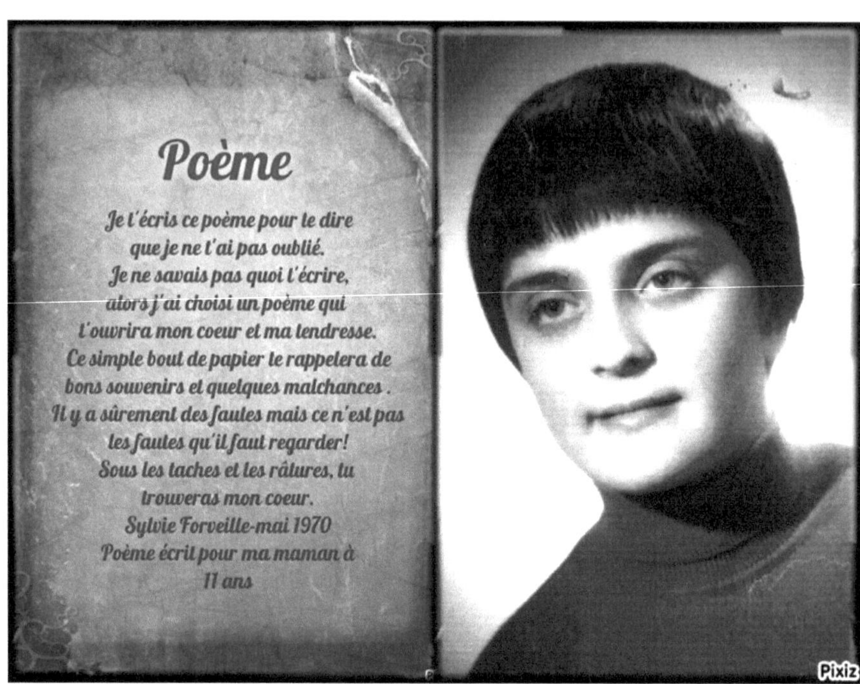
Poème
Je t'écris ce poème pour te dire
que je ne t'ai pas oublié.
Je ne savais pas quoi t'écrire,
alors j'ai choisi un poème qui
t'ouvrira mon coeur et ma tendresse.
Ce simple bout de papier te rappelera de
bons souvenirs et quelques malchances .
Il y a sûrement des fautes mais ce n'est pas
les fautes qu'il faut regarder!
Sous les taches et les râtures, tu
trouveras mon coeur.
Sylvie Forveille-mai 1970
Poème écrit pour ma maman à
11 ans
Pixiz

Le soir

J'aime ce léger frémissement dans les arbres
quand la chaleur s'est évaporée et que la nuit
arrive doucement
en masquant les choses.
C'est l'heure où une brigade d'étoiles me
regardent rêver lorsque passe dans le ciel la
caravane des nuages crépusculaires et qu'un
léger frémissement du vent fait osciller la cime
des cerisiers.
Tout ce que je pressens vient de l'intérieur,
comme cet instant qui s'éteint dans le réverbère
où je passe bredouille d'inspiration
jusqu'à ce qu'un emportement inconnu jase
hors de moi en frissonnant dans l'après temps.
Sylvie Forveille

RIMBAUD
Votre tristesse pleurait
sur le manteau génial de votre pensée
en se cognant à l'horloge
de votre dimension intérieure.
Comme vos poèmes souffraient
dans les heures du toujours
jusqu'à ce que vos rimes
s'encanaillent à souhait
sur le banc de vos abandons,
toujours envoûtés par des réalités obscures qui assiégeaient votr
génie.
C'est là, dans les turpitudes d'un alexandrin,
que se consumait votre moi-même,
avant qu'il ne disparaisse
sous les couches du hasard
où votre poésie,
qui n'avait comme bagage que l'instant d'après,
tentait désespérément
d'arracher les feuilles du temps;
Sylvie Forveille
Pixiz

Rêve d'un soir

J'ai fait ce rêve étrange et merveilleux

où j'assistais au charivari

de l'effet crépusculaire qui rougit

mon dedans et la cime des cerisiers

où se noie l'obscurité,

lorsque je ne sais plus

et que je sens un abandon total

face à la nébuleuse colorée

qui surgit du ciel lorsque le temps

assiège ce quelque chose

d'inquiet et de sauvage,

qui est l'ombre insatiable

d'un emportement inconnu où jase

ce que je ne suis plus parmi l'après.

Et tandis que le jour s'éteint

dans mon intérieur où un instant vagabond

grignote ma familiarité, je me sens

étrangère à l'immédiat et à toute tristesse,

non loin d'une gloire divine

qui tente de m'apprivoiser.

Stéphane Mallarmé

Dès que votre poésie sortait de la gorge profonde

de vos imaginaires et que l'heure traînait

derrière le carreau givré de la porte,

vos soupirs enfermés dans la mesure d'un quatrain

importunaient le temps perdu dans les bas-fonds

de regrets inutiles.

Et le soir, lorsque votre plume grignotait

vos divines métaphores, une illusion respirait

dans le devenir de vos lignes

donnant ainsi le ton à vos inspirations diurnes

qui s'abreuvaient aux crépuscules peuplés

de silences,

tandis que s'éloignaient, petit à petit, loin de vous,

vos ruminations intérieures qui décrivait

l'effet dantesque de votre humanité

qui se perdait dans le bizarre où frémissait

votre talent.

Le 17 janvier 2022

Sylvie Forveille

VERLAINE

Votre regard s'allongeait

sur les dunes glacées de vos imaginaires

où des passions à la douceur désespérée

cachaient tant de choses inavouées.

C'est là, dans les turpitudes

d'un alexandrin que votre génie

dérivait vers ces heures

à la peau morte où se perdait

le bizarre et que votre peur

fustigeait les ombres de vos colères

qui se réfugiaient dans les grottes abyssales

de votre création.

Et tandis que l'ombre de votre vie

dansait à travers les volutes du vent,

comme pour engendrer l'intemporel,

Vos tempêtes du dedans

chuchotaient à l'oreille des étoiles

Jusqu'à ce que les lueurs du jour

éclairent les escales dantesques

de vos souvenirs à l'illusion frémissante.

VICTOR HUGO

Dès que l'instant chavirait

dans la nébuleuse de votre pensée,

l'intemporel ne savait plus.

Alors, il se nourrissait de vos abandons

où fermentaient les différences sociales

qui gémissaient dans l'encre de votre colère

jusqu'à ce que le masque de la société

tombe dans ce quelque chose d'inquiet

et de sauvage qui était l'ombre de vous-même,

cette ombre insatiable de justice

que vos emportements fustigeaient,

comme pour rendre invincible,

la profondeur de vos récits

où se cachait votre amour

pour vos chers enfants

et cette passion pour les petites choses

que même le temps semblait ignorer.

Janvier 2022

Sylvie Forveille

HAUT FOLLIS

à mes camarades du lycée (1974 - 1977)

Mes 15 ans,

c'était le temps de l'abandon,

de la quiétude à l'ombre

de ma famille.

L'adolescente que j'étais

subissait les assauts de ces années

où mes rires escortaient

mon insouciance à la porte de la classe

devant les bureaux

où les cahiers s'endormaient

jusqu'au son de la cloche

où un professeur arrivait

avec cette envie courageuse

de nous instruire,

tandis qu'au loin crépitaient

dans une salle, les machines à écrire,

non loin du cimetière des sœurs.

Les images de mes jeunes années

poussaient incognitos

dans la cour de récréation

où notre jeunesse devenait

elle-même prête à surgir

pour nous faire vivre une fantaisie.

Sylvie Forveille 2022

Hommage à Louis Derbré

en souvenir d'une visite à son atelier en 2008

émue par le vrai de son histoire

Le souffle de sa création brûlait dans son atelier

où l'on devinait son talent ici et là

sur les dômes de son art,

tandis que le naturel et la simplicité

couronnaient son regard d'une gloire

qui n'appartenait qu'à lui.

Alors, muette mais tellement présente,

j'attendais que les secondes passent,

sans bruit, jusqu'à ce qu'il s'arrête

pour me parler devant ses sculptures.

Mon rêve du jour s'abreuvait alors

au demain intemporel de son œuvre

et à la familiarité de sa vie,

à cette identité artistique qu'il a créé

en Mayenne à l'abri du superficiel,

tout près du vrai qu'il apprivoisait

en donnant à son œuvre une dimension

sans mesure capable de capter

les imaginaires du monde.

28 juin 2022

Sylvie Forveille

Il y avait la mer

Il y avait la mer qui résistait

aux solitudes.

Il y avait aussi le temps

qui paraissait si long

sur les grandes bandes de sable fin

où la vie s'exilait dans une petite

flaque d'eau où s'ennuyait un crabe.

Il y avait l'instant rêveur

qui dansait sur les flots et la vie

qui bouillonnait dans l'écume.

Il y avait mon regard vers l'horizon

où les mouettes devenaient

ce qu'elles pouvaient devenir

dans leur habit blanc.

Il y avait ce bateau fantôme

qui avançait sur les flots

vers l'inexplicable...

avant de disparaître au bout

de mes appréhensions,

tout près des rochers

où souffrait le temps.

2 avril 2022

Sylvie Forveille

L'AUTOMNE

L'automne ressemble à ces tempêtes intérieures

qui ne vieillissent jamais

et qui dérangent mes rêveries

dont l'ombre voyage dans les clairières

où des insectes tentent

d'oublier leur histoire,

sans se soucier de moi,

passante du déjà automnal

dont les effets épie un souvenir

dont la raison fuit ma liberté

et cette peuplade d'immédiats

qui tremble au milieu de mes doutes.

A ce moment-là des brigades de nuages

s'affichent dans la campagne,

tandis que le givre tapisse

quelques vieilles barrières

en figeant le temps dans ce début de jour

où je me sens étrangère à toute tristesse.

A ce moment-là, des brigades de nuages

s'affichent dans la campagne,

tandis que le givre accroché

à quelque barrière

LA GUERRE 1939 – 45

à Georges, mon père

Sous les bombardements,

tandis que la ville frémissait,

tu marchais dans les rues de St Malo

avec tes rêves assombris

par le bruit sourd des obus

qui détruisaient immeubles et maisons.

Tandis que ton imaginaire épuisé

s'activait à produire une autre vie,

les incendies de la ville

éclairaient ta peur

qui s'en allait vers la mer

comme pour échapper à la marée

des bruits et des cris

qui venaient de la cité Malouine.

Et là-bas sous le chapeau de ton identité,

un seul mot s'avançait devant toi,

c'était la liberté qui osait se montrer

lorsque le coucher de soleil

frôlait le fort national et que l'île

de Cézembre s'endormait devant

le mouvement des vagues.

Derrière les remparts,

l'intemporel frissonnait

dans l'attente du lendemain.....

Sylvie Forveille

L'ADOLESCENCE

Je chassais de ma conscience

cette quantité d'absurde

qui avait envahi un jour

mon adolescence parsemée

de désirs loyaux qui batifolaient

aux abords de ma conscience.

Dès je t'aime puissants gisaient

dans le ciel de mes 15 ans

avant de s'évanouir dans le soir

où je m'inventais incognito.

Armée de mes illusions,

je cherchais la perfection

dont l'absolu me ramenait

vers un chagrin sans raison,

une sorte de d'état contradictoire.

Loin des autres, dans le grenier,

je vivais dans l'abîme de regrets

qui pleuraient sur la ligne du dedans

où s'échouait quelque colère perdue

dans le rayonnement de mes sens,

jusqu'à ce que l'ordinaire d'un moment

vienne jusqu'à mon envie d'aimer.

LAVAL

Sur le pont d'Avesnières, la fine dentelle

de la lumière du jour éclaire

l'image lavalloise qui a accueilli

ma naissance, dans les hauts de Bel Air

où l'automne frissonne au bout des sapins,

tandis que les chats affichent

leur somnolence en traversant ma familiarité.

Le vieux pont où virevoltent les papillons

de mon enfance à côté de la Perrine

qui sait tout de mes premiers pas.

Les quais où joue l'intemporel

avant de s'abandonner sur un banc

où danse des souvenirs.

J'aime cette clarté matinale qui ose

se poser sur le vieux château

où l'histoire respire notre demain,

comme si il était le gardien de notre vie.

J'appartiens à ma ville natale

dans le quelque part de mes certitudes

qui somnolent non loin des berges

de la Mayenne.

LE 18 OCTOBRE 2021

Sylvie Forveille

Le lac de Port Brillet

Le temps distillait son évidence

dans les longues branches vertes

qui respiraient le long du lac

où s'amusait ma conscience remplie

de ce bonheur inaccessible,

mais qui me cernait

dès que je m'abandonnais à une rêverie

devant l'étendue sereine

où était né ce jour-là quelque chose ,

quelque chose d'autre,

que cette hésitation qui gênait ma liberté

et qui traversait le frémissement du vent,

tout à fait devenu essentiel,

surtout ces palpitations en moi de

ces petits ballotins de poésie

qui s'insurgeaient entre le réel et le faux

et qui s'en allaient comme des vagabonds

sur les chemins de mon insouciance,

avec comme besace, vague envie d'aimer

qui croisait un instant nonchalant

qui revenait du jamais.

8 MAI 2022

Sylvie Forveille

LE TEMPS D'UN MONOLOGUE

Le temps d'un monologue,

j'habitais allée des groseilliers

avec mon nounours aux grandes oreilles

où se cachait le temps.

Je grandissais à l'ombre des poiriers.

Le bruit de mes pas traversait

le roucoulement de mes chères tourterelles,

non loin de la dînette faite de brindilles

d'imaginaires et de cerises.

Mes bébés assoupis sous le pommier

engendraient inconsciemment la tendresse

de mon empire enfantin peuplés de rires

et de ma fragilité qui s'abreuvaient

à mes rêves d'alors.

Je regardais sereine les allées et venues

des libellules et des papillons.

Je grandissais comme je le pouvais

à l'abri de mes peurs en surveillant

ma poupée aux yeux bleus.

Puis, je partais à travers ma gloire du jour

en m'inquiétant pour un petit escargot

qui peinait sur une salade.

Le 12 aout 2022

Sylvie Forveille

NOCTURNE

Le soir,

j'attends que quelque chose se passe,

comme un emportement inconnu

qui s'abreuverait à ma gloire d'aimer,

avant qu'elle ne s'insinue

dans l'encre séchée d'un imaginaire

trop ordinaire qui se cache

dans la caravane des nuages

crépusculaires.

Et loin de moi, je sais que ma création

jaserait en fustigeant mes abandons,

tandis qu'au loin, j'entendrai

le bruit de mes pas qui hanterait

la coursive du temps où je passerai

bredouille d'inspiration,

jusqu'à ce que le divin

frissonne dans ma mélancolie

en respirant sous la peau sombre

de la nuit.

28 février 2022

Sylvie Forveille

À La Perrine

Mon enfance rayonnait

encore dans le faisceau lumineux

qui traversait les vieux cèdres

de la Perrine.

Des images venues de mes 5 ans

se posaient sur les pétales de roses

et dansaient dans mon cœur

où la peau de l'illusion

fabriquait encore du bonheur.

Je cherchais dans les allées

quelque chose de moi,

de cette familiarité enfantine

qui ronronne toujours en moi

et qui me donnait à ce moment là

le goût d'une sincérité

dont la profondeur intemporelle

signe ce que je suis pour toujours,

devant les canards de mes jeunes années

qui cherchent encore leur destin

dans l'eau verte en se nourrissant

de l'étrange.

2 aout 2021

SYLVIE FORVEILLE

ALAIN GERBAULT

Dès que votre regard effleurait

au loin les ports inconnus

où brillaient de petites lumières,

votre liberté défiait

les forces de l'étrange

jusqu'au petit matin où épuisé

sur les mers, votre solitude

traversait le vent, les chimères

du temps et ces capitaines fantômes

dont l'histoire naviguait dans

les cieux d'alors jusqu'à

ce qu'une tempête s'empare

de votre peur et de ces alors

compliqués qui jasaient dans le hasard

jusqu'à ces plages où des aventures

attendaient votre venue en saluant

votre audace qui frémissait

au bout de votre mémoire,

loin de chez vous, de votre ville natale

où votre gloire se dessinait déjà

comme emblème de Laval

où rayonnent votre courage et votre réussite.

Le 19 janvier 2022

Sylvie Forveille

ALFRED DE MUSSET

Votre regard où circulait

quelque passion brûlante

saluait une douceur désespérée.

Que de choses inavouées

pleuraient dans vos tristesses

où les ombres d'un désir

frôlait votre plume

pleine d'illusion.

Votre conscience mimait sans cesse

le romantisme et ce rêve un peu fou

où palpitait l'amour.

Toutes les destinées imaginaires

du monde se donnaient rendez-vous

au crépuscule de votre création

tandis que votre fougue d'aimer

s'empourprait de votre colère

emprisonnée dans votre sensibilité

qui engendrait sans cesse

le demain de votre pensée.

12 avril 2022

Sylvie Forveille

Antoine de St Exupéry

Dès que le jour s'en allait

en laissant place à la caravane

crépusculaire des nuages blêmes,

votre avion pris dans la tourmente

de l'infiniment beau signait

dans le ciel la trace

d'une liberté sans âge

qui se nourrissait de l'éphémère

devant le brouillard des choses

glacées endormies sous la peau

de vos imaginaires lors de

vos traversées héroïques.

Votre création fustigeait alors

l'après jusqu'à ce qu'un rêve

passe, bredouille d'inspiration,

dans le manteau nébuleux

de vos émotions étoilées

où s'abreuvait votre plume

tellement humaine

qui cherchait le vrai

dans le sillon du réel.

Novembre 2021

Sylvie Forveille

Camille CLAUDEL

Sa blessure immortelle collait à son génie

et donnait à son regard une dimension

de l'ailleurs devant son talent intimidé

qui s'expatriait vers ses bustes

et ses sculptures qui n'appartenaient

qu'à elle et au hasard

qui s'empourprait de la finesse de ses mains

lorsqu'elle façonnait une statue.

Le temps lui-même finissait par se lasser

de son intemporelle passion pour Rodin

et tapissait en elle un état d'âme triste et définitif.

Sa gloire d'alors s'est incrustée dans

l'argile où son art s'est

tendrement

comme par magie et par
envoûtement

perdue dans sa nécessité d'aimer

qui donnait à la beauté de son
œuvre

l'éclat particulier de l'intemporel

LE 9 AVRIL 2021

SYLVIE FORVEILLE

Gérard de Nerval

1855 - 1901

Dès qu'une illusion suspendait son envol,

elle s'insinuait dans un de vos états d'âme

griffonné de mots étranges.

Vos soupirs sulfureux se cachaient alors

dans vos délires à la peau blanche.

La nuit, le reste du présent

allait loin de vous, emmenant avec lui

vos insinuations poétiques

que votre plume adorait,

comme étourdie par l'étrange

qui vous possédait.

Tandis qu'au loin, vos pleurs dansaient

sur le fil de votre tristesse en s'écoulant

dans votre tristesse où gisait

votre talent

et qui sait votre Sylvie
traversait encore

un de vos cauchemars dans
lequel

le monde entier s'arrêtait
comme figé dans votre après
temps.

8 février 2022

Sylvie Forveille

Printed by Books on Demand GmbH, Norderstedt / Germany